Inhalt

Lateinamerika - Maschinenbau sieht neue Chancen

Kernthesen

Beitrag

Fallbeispiele

Zahlen und Fakten

Weiterführende Literatur

Impressum

GENIOS BranchenWissen Nr. 08/2005 vom 16.08.2005

Lateinamerika - Maschinenbau sieht neue Chancen

Autor GENIOS BranchenWissen: M.Klems

Kernthesen

- Der Maschinenbau rückt den lateinamerikanischen Wirtschaftsraum immer mehr in sein Blickfeld. (1)
- Für Argentinien und Chile werden für 2005 hohe Importsteigerungen im Bereich Maschinenbau vorausgesagt, lohnenswerte Geschäfte ergeben sich im argentinischen Markt insbesondere für Werkzeugmaschinen. (2), (5)
- Mexiko lockt als Sprungbrett zum nordamerikanischen Markt.(12)
- Brasiliens Maschinenbau legt ein Wachstum von über 30% zum Vorjahr 2004

vor. (3)
- Auch die Umwelttechnik erweist sich als lohnenswerter Sektor in Lateinamerika. (7)

Beitrag

Lateinamerika reizt den deutschen Maschinenbau mit mittlerweile relativ stabilen Marktdaten und geringerem Risiko. Insbesondere der Maschinenbaumarkt in Argentinien, Mexiko und Brasilien legt solide Wachstumsraten zum Vorjahr vor.

Neue Chancen in Lateinamerika

Die mit 550 Millionen Einwohnern starke Region lockt die deutsche Wirtschaft mit soliden Wachstumsdaten von 5,6% und höherer Sicherheit als in den 80er Jahren. Die Direktinvestitionen der Wirtschaft in die Region stiegen seit 2004 um 44% auf 56,4 Milliarden Dollar. Zudem profitiert Lateinamerika von der leicht nachlassenden Euphorie der Unternehmen bezüglich China. (1)

In Mittel- und Südamerika sind es vor allem Argentinien und Chile, für die 2005 hohe Importsteigerungen im Bereich Maschinenbau vorausgesagt werden. (5)

Argentiniens Werkzeugmaschinenbau boomt

Die Importe von Werkzeugmaschinen nach Argentinien steigen. Für 2004 haben sich die Importzahlen von rund 90 Mio. US Dollar zum Jahr 2003 nahezu verdoppelt. Gewinner dieser Importzahlen sind allerdings hauptsächlich Hersteller aus Fernost. Deutsche und italienische Hersteller wurden eher verdrängt. Die lokalen Anbieter können sich gegen die internationale Konkurrenz nicht behaupten. Besonders hohe Zuwachszahlen zeigen die Importe von Biege- und Stanzmaschinen. Hier legten die Biegemaschinen mit +600% auf 9,1 Milliarden Dollar und die Stanzmaschinen mit +325% auf 6,8 Millionen Dollar von 2003 auf das Jahr 2004 zu. (2)

Der Boom bei Landmaschinen kühlt sich ab, gefragt sind in Argentinien aber nach wie vor Metallbearbeitungsmaschinen, Ausrüstungen für die Stahlindustrie, Textil-, Kunststoff- und Baumaschinen, Fördertechnik, Getränkeabfüllanlagen, Verpackungstechnik sowie Papier- und Druckmaschinen. (5)

Chile

Auch 2005 wird damit gerechnet, dass in Chile die Investitionen mit ca. +7% schneller wachsen als das BIP. Wegen des hohen Nachholbedarfs wird damit gerechnet, dass die Maschinenimporte stark wachsen werden. (5)

Brasilianischer Maschinenbau weiter auf Wachstumskurs

Bereits 2004 legte der Maschinenbausektor in Brasilien gute Zahlen vor. Im ersten Quartal 2005 wies die Branche nach eigenen Angaben ein Umsatzwachstum von 35,6% zum Vorjahresquartal auf. Zum Vergleichsquartal 2004 stiegen die Verkäufe in zahlreichen Untersegmenten. Hier stiegen die Verkäufe im 1.Quartal 2005 von Kunststoffmaschinen um +25,7%, Werkzeugmaschinen +19,3% und Textilmaschinen um +18.3%. Überproportional legte der Druckmaschinenmarkt im ersten Quartal 2005 um +38,3% zu. Der Anteil deutscher Maschinen stieg dabei von 11,0% in 2004 auf 12,4% im ersten Quartal. Deutschland liegt damit auf Platz 2 hinter den USA, die 20,4% Anteil im ersten Quartal 2005 belegen. Wachstumshemmend sind die hohen Energie- und Stahlpreise. Bereits 2004 stiegen die Stahlpreise in Brasilien um bereits 100%. (3), (9)

Sao Paulo wirtschaftsstarke Region in Brasilien

Für den Ausrüstungs- und Maschinenbau zeigt sich der Bundesstaat Sao Paulo mit einem Plus von 12,4% im Vergleich zum April 2004 als interessanteste Region Brasiliens. Impulsgeber sind neben dem Maschinenbau der KFZ-Sektor. Mit 213 400 Einheiten erzielte die Produktion den zweihöchsten Monatswert seit Erfassung. Bereits 2004 hat der Bundesstaat mit 11,8% Wachstum eine Steigerung von 40% als der Durchschnitt Brasiliens. Der Gesamtanteil Sao Paulos am Bruttoinlandsproduktes liegt bei rund 34%. (6)

Mexiko - Sprungbrett für nordamerikanischen Markt

Mexiko ist mit den USA und Kanada im Freihandelsabkommen Nafta verbunden und hat seit

2000 ein Freihandelsabkommen mit der EU. Mexiko gilt als Sprungbrett für den ganzen nordamerikanischen Markt mit viel Potential, auch für deutsche Mittelständler. (12) Gerade im Werkzeugmaschinenbau legte Mexiko beispielsweise im letzten Jahr rund 20% zu. (13) Stärkere Exportzuwächse verzeichnen die Hersteller aus Deutschland allerdings auch bei Elektromotoren und Generatoren sowie bei Löt- und Schweißapparaten. Bei den Importen rangieren Industriemaschinen, Maschinen für die Metallverarbeitung, für die Bauwirtschaft und für den Bergbau oben. Insgesamt wachsen die Einfuhren 2005 voraussichtlich mit 5% nur moderat. (5)

Mit Umwelttechnik neue Potenziale in Lateinamerika erschließen

Brasilien zeigt einen hohen Bedarf in den Bereichen Müllentsorgung und Wasserversorgung. 20% der brasilianischen Bevölkerung verfügen über kein fließendes Wasser. 52% der Haushalte sind nicht am Abwassernetz angeschlossen. 20% des Mülls landen in Brasilien auf unkontrollierten Deponien. Dennoch steigt das Umweltbewusstsein im Lande.

Hemmschuh sind die fehlenden gesetzlichen Grundlagen, die wiederum Investoren abschrecken. Dabei steigen die Einfuhren im Umweltsektor und bieten Chancen für Unternehmen. Im Bereich der Wassertechnik lagen die Einfuhren mit 1,36 Milliarden Dollar 13,6% über den Daten des Vorjahres. Flüssigkeitspumpen stiegen um 27,2% auf 336,5 Millionen Dollar, Armaturen und Ventile stiegen um 12,7%. Bohrwerksausrüstungen für Gesteins- und Tiefebohrungen wurden im Wert von 23,8 Millionen Dollar eingeführt. Dies entsprach einen Plus von 43,4% Deutsche Unternehmen genießen aufgrund hoher Qualität einen guten Ruf.

Argentiniens Umweltmarkt hat nach der Krise der vergangenen Jahre allerdings noch nicht wieder Tritt gefasst. Den Unternehmen fehlen einfach noch die Mittel hierfür und das Umweltschutzinteresse ist insgesamt noch gering.

Chiles Umweltschutz dagegen verspricht sehr gute Geschäfte. Bis Mitte 2006 müssen nämlich alle Unternehmen die neuen Normen für Industrieabwässer und Sondermüll erfüllen, was zwangsweise entsprechende Investitionen erfordert.

Und auch in anderen Lateinamerikanischen Ländern wie Kolumbien, Mexiko und Venezuela bieten sich hier durchaus Chancen. (7)

Lateinamerika, großes Potential mit Risiken

Lateinamerika bietet allein wegen diverser Freihandelsabkommen (vor allem mit den USA) große Chancen, insbesondere auch um von dort in Drittmärkte zu exportieren. Allerdings birgt die Region immer noch viele Unsicherheiten und Risiken. Steuergesetze werden beispielsweise häufig geändert und auf die Unparteilichkeit der Richter ist nicht immer Verlass. Risiken birgt vor allem auch die politische Instabilität. Ecuadors Präsident beispielsweise musste vor einigen Monaten erst nach Brasilien fliehen und auch in Bolivien kommt es immer wieder zu Protesten gegen die Regierung. Allerdings gibt es auch immer mehr positive Signale. So hat sich die kolumbianische Regierung beispielsweise inzwischen mit den Gewerkschaften auf die Einführung internationaler Regeln geeinigt. (1)

Das derzeitige Interesse für Lateinamerika ist aber auch stark von äußeren Faktoren abhängig. So fließen die meisten Investitionen aus dem Ausland in den Rohstoffsektor, der wegen der hohen Weltmarktpreise besonders gewinnbringend erscheint. (12)

Fallbeispiele

Flurförderzeug-Exporte nach Südamerika nahmen stark zu

Im deutschen Export von Flurförderzeugen nach Südamerika gab es für das Jahr 2004 Zuwächse, die vereinzelt im dreistelligen Bereich lagen. Elektro-Flurförderzeuge mit Hubvorrichtung über 1 m übertraf Mexiko beispielsweise den Vorjahreswert um 249%. Bei Gabelstapler mit Dieselantrieb und mit Hubvorrichtung über 1 m erhöhte sich der Lieferwert nach Argentinien um 157%. (11)

Deutsche Laufkrane optimieren Lagerhaltung von Zucker

Die brasilianische Rohrzuckerindustrie setzt auf Big Bags und löst damit die bisherigen 25 kg Säcke ab.

Die 1,2 Tonnen fassenden Bags werden über Laufkrane der Demag zu hohen Pyramiden geschichtet. Die Vorteile liegen in einer hohen Raumnutzung und damit wirtschaftlicher Lagerung. (4)

Erste Abluftreinigungsanlage auf südamerikanischen Kontinent aus Deutschland

In Brasilien steht die erste Abluftreinigungsanlage auf dem südamerikanischen Kontinent überhaupt, gebaut von einem mittelständischen deutschen Unternehmen, der Achenbach Buschhütten GmbH. Das Unternehmen ist Weltmarktführer in der Herstellung von Aluminiumfeinband- und Aluminiumfolienwalzwerken und in dieser hochspezialisierten Nische ist das Unternehmen weltweit gefragt. (9)

Heidelberger Druckmaschinen sieht Auftragszuwächse in Lateinamerika

Die Heidelberger Druckmaschinen AG sieht beim Auftragseingang in den einzelnen Regionen ein gemischtes Bild: Zuwächsen in Lateinamerika steht ein Rückgang in Osteuropa und Nordamerika gegenüber. (10)

Zahlen & Fakten

(3) Kennzahlen Maschinenbau Brasilien

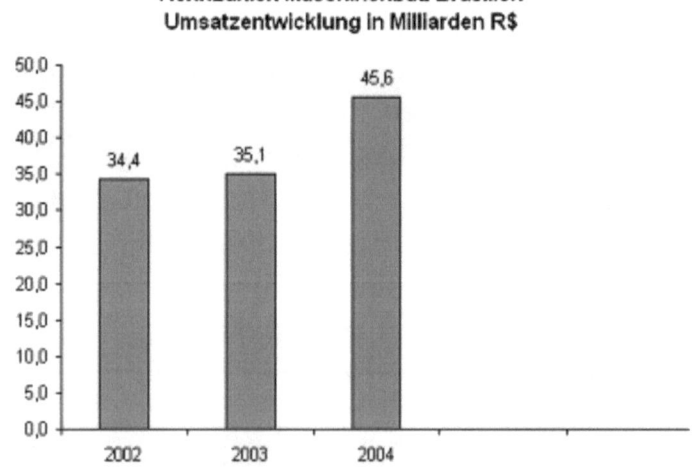

Quelle: Abimaq

Entnommen aus: Brasiliens Maschinenbau weiter auf Wachstumskurs, BFAI, Märkte im Ausland, 10.06.2005

Abbildung 2
(3) Brasilien: Importe von Maschinen

Quelle: Abimaq

Entnommen aus: Brasiliens Maschinenbau weiter auf Wachstumskurs, BFAI, Märkte im Ausland, 10.06.2005

Weiterführende Literatur

(1) Deutsche Wirtschaft sieht Chancen in

Lateinamerika Hohes Wachstum eröffnet neue Absatzmärkte · Boom hängt stark von Entwicklung der Rohstoffpreise ab
aus Financial Times Deutschland vom 23.05.2005, Seite 13

(2) Argentiniens Maschinenimport boomt
aus Financial Times Deutschland vom 23.05.2005, Seite 13

(3) Brasiliens Maschinenbau weiter auf Wachstumskurs
aus Financial Times Deutschland vom 23.05.2005, Seite 13

(4) Laufkrane optimieren die Zuckerlagerung
aus Maschinenmarkt Logistik Nr. 02 vom 18.03.2005

(5) Top Exportmärkte 2005. Maschinenbau
aus Maschinenmarkt Logistik Nr. 02 vom 18.03.2005

(6) São Paulo hält Brasiliens Wirtschaftsmotor am Laufen
aus Maschinenmarkt Logistik Nr. 02 vom 18.03.2005

(7) O.V., Umwelttechnik Aktuelle Trends in Lateinamerika, BFAI, Märkte im Ausland, 26.04.2005
aus Maschinenmarkt Logistik Nr. 02 vom 18.03.2005

(8) O.V., Topmärkte für Gebrauchtmaschinen 2005 Brasilien, BFAI, Märkte im Ausland, 14.04.2005
aus Maschinenmarkt Logistik Nr. 02 vom 18.03.2005

(9) Innovativ. Effizient. Weltklasse
aus Frankfurter Allgemeine Sonntagszeitung,
21.08.2005, Nr. 33, S. 38

(10) Heidelberger Druck erreicht Gewinnschwelle
Ausgeglichenes Nettoergebnis im ersten Quartal -
Prognose bekräftigt - Wachstum in Schwellenländern
aus Börsen-Zeitung, 03.08.2005, Nummer 147, Seite 10

(11) Mehr Flurförderzeug-Exporte nach Amerika
aus F+H, Fördern und Heben, Heft 5, 2005, S. 233

(12) Lateinamerika ist wegen des Asien-Booms aus
dem Blickfeld geraten. Dabei expandiert auch diese
Region kräftig. Eine morgen beginnende Konferenz
wirbt für neue Investitionen der deutschen
Wirtschaft "Das Vertrauen wächst" DIHK-Chef
Braun über Rechtssicherheit und
Geschäftsaussichten in Lateinamerika
aus DIE WELT, 17.05.2005, Nr. 112, S. 12

(13) Ausgesprochen gute Stimmung
aus Maschinenmarkt EMO-Journal vom 15.06.2005

Impressum

Lateinamerika - Maschinenbau sieht neue Chancen

Bibliografische Information der deutschen Nationalbibliothek

Die Deutsche Nationalbibliothek verzeichnet diese Publikation in der deutschen Nationalbibliografie; detaillierte bibliografische Daten sind im Internet über http://dnb.d-nb.de abrufbar.

ISBN: 978-3-7379-2581-5

© 2015 GBI-Genios Deutsche Wirtschaftsdatenbank GmbH, Freischützstraße 96, 81927 München, www.genios.de

Alle Rechte vorbehalten. Dieses Werk ist einschließlich aller seiner Teile – z.B. Texte, Tabellen und Grafiken - urheberrechtlich geschützt. Jede Verwertung außerhalb der Grenzen des Urheberrechtsgesetzes bedarf der vorherigen Zustimmung des Verlags. Dies gilt insbesondere auch für auszugsweise Nachdrucke, fotomechanische Vervielfältigungen (Fotokopie/Mikroskopie), Übersetzungen, Auswertungen durch Datenbanken oder ähnliche Einrichtungen und die Einspeicherung und Verarbeitung in elektronischen Systemen.